Eveline Hasler
Schultüten-Geschichten

Eveline Hasler studierte Psychologie und Geschichte und war später als Lehrerin tätig. Sie lebt heute als freie Schriftstellerin im Tessin, Schweiz. Zweimal wurde sie mit dem Schweizer Jugendbuchpreis ausgezeichnet. Neben Büchern für Kinder schreibt die renommierte Autorin auch Romane für Erwachsene, die ebenso wie ihre Kinderbücher vielfach mit Preisen ausgezeichnet wurden. 1994 erhielt sie für ihr literarisches Gesamtwerk den Droste-Preis.

© Paul Dominik Hasler

Karoline Kehr, 1964 in Bad Salzuflen geboren, studierte an der Fachhochschule in Hamburg Illustration und arbeitet seither als freie Illustratorin. Für ihr erstes Bilderbuch ›Ernst stand auf und August blieb liegen‹ erhielt sie den Troisdorfer Bilderbuchpreis. Ihr Bilderbuch ›Schwi-Schwa-Schweinehund‹ war für den Deutschen Jugendliteraturpreis nominiert. Karoline Kehr arbeitet und lebt in Hamburg.

© privat

Eveline Hasler

Schultüten-Geschichten

Mit Zeichnungen von Karoline Kehr

Deutscher Taschenbuch Verlag

Der vorliegende Sammelband umfasst die
Geschichten der dtv junior Lesebären:
›Der Buchstabenvogel‹ (7563), ›Der Buchstaben-
clown‹ (7572) und ›Der Buchstabenräuber‹ (7584).
Alle Bände sind auch weiterhin einzeln lieferbar.

Zu den drei Einzelgeschichten gibt es jeweils ein
Unterrichtsmodell unter www.dtv.de/lehrer zum
kostenlosen Download.

Von Eveline Hasler ist außerdem bei
dtv junior lieferbar:
Die Buchstabenmaus, dtv junior 75034

… und bei dtv: siehe unter www.dtv.de

Originalausgabe
In neuer Rechtschreibung
Juni 2007
© 1984, 1985, 1987 und 2006
Deutscher Taschenbuch Verlag GmbH & Co. KG, München
www. dtvjunior. de
Umschlagkonzept: Balk & Brumshagen
Umschlagbild: Karoline Kehr
Gesetzt aus der Sabon 14/20˙
Gesamtherstellung: Kösel, Krugzell
Gedruckt auf säurefreiem, chlorfrei gebleichtem Papier
Printed in Germany · ISBN 978-3-423-71235-4

Der Buchstabenvogel

Auf einem Baum,
nahe beim Schulhaus,
hat ein Vogel sein Nest.
Jeden Tag schaut er
von seinem Ast aus
den Kindern zu.

»Warum schreiben die Kinder?«,
fragt der Vogel die Eule,
die auf dem nächsten Baum wohnt.

»Damit sie klug werden«,
sagt die Eule.

›Ich will auch klug werden!‹,
denkt der Vogel.
›Ich will klug werden
wie die Eule!‹
Jeden Morgen in der
großen Pause stehen
die Fenster offen und
das Schulzimmer
ist leer.

Der Vogel fliegt durchs Fenster
und hüpft tipp! tipp! tipp!
auf den Pulten herum.
Auf den Pulten liegen
offene Hefte.
Die Buchstaben in den
Heften riechen nach
frischer Tinte.

›Ich will die Buchstaben fressen‹,
denkt der Vogel, ›dann werde ich klug.
Klug wie die Eule!‹
Er pickt an einem kleinen a.
   Pick!
       pick!
         pick!

»Nicht schlecht«, krächzt er
und schnabuliert den Buchstaben.

Nach der Pause ruft ein Mädchen:
»Oh, mein Wort hat eine Lücke!
Ich habe einen Buchstaben vergessen.
Aber welchen?«
R . nd

   Ist es ein i gewesen?

         Ist es ein a gewesen?

               Ist es ein u gewesen?

Am nächsten Morgen,
in der großen Pause,
stehen die Fenster wieder offen.
Der Vogel fliegt schnell hinein
und nimmt von einem Heft

pick!

pick!

pick!

drei Buchstaben weg.

Nach der Pause ruft ein Junge:
»Hilfe, in meinem Satz sind Lücken!
Man hat mir Buchstaben gestohlen!«
Die Kinder lachen.
Niemand glaubt ihm.

›Ich werde klug!
Ich werde klüger!
Ich werde am klügsten!
Ich werde klüger als die Eule‹,
denkt der Vogel nachts im Nest.
Er ist ganz verrückt nach Tinte.
Am nächsten Tag
kann er es kaum noch erwarten,
bis die Kinder
in die große Pause gehen.
Sobald das Schulzimmer leer ist,
fliegt er durchs offene Fenster
und hüpft

tipp!   tipp!

tipp!

von einem Heft zum andern.
Er schlägt wild mit den Flügeln
und nimmt pick! pick! pick!
überall Buchstaben weg.

Sein Bauch füllt sich.
Sein Bauch schwillt an.
Sein Bauch sieht jetzt kugelrund aus
und die Federn schillern tintenblau.
»Genug«, seufzt er.
Und jetzt schnell fort!

Er öffnet die Flügel,

er rüttelt
die Flügel,

er schüttelt die Flügel,

aber die Flügel tragen ihn nicht.

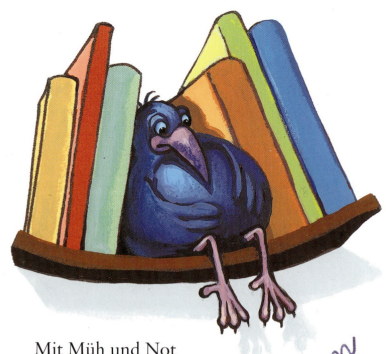

Mit Müh und Not
kann er noch
auf das Bücherregal flattern.
Dann stürmen die Kinder herein.
»Oh«, rufen die Kinder
alle durcheinander,
»in unseren Heften sind Lücken!
Lücken wie bei einem Gartenzaun!«

Der . pfe . ist . ot

Das . aus ist . och

Di . . aus . st . . au

Die . aus i . t . . ein

Das . ind ist b . aun

Das La . . ist . eiß

»Wo ist mein großes A?«,

ruft ein Kind.

»Wo ist mein kleines k?«,

ruft ein anderes.

»Wo sind meine beiden kleinen m?«,

ruft ein drittes.

Da macht es hinten auf dem Bücherregal

ganz leise »krächz«.

Alle drehen die Köpfe.

»Oh, ein Vogel!«, rufen die Kinder.

»Seine Federn schillern tintenblau!

Seine Augen funkeln tintenblau!

Und an seinem Schnabel klebt Tinte!«

Dem Vogel wird es
dunkel vor den Augen,
als stecke er in einem Tintenfass.
»Krächz!«, sagt er leise
und öffnet den Schnabel
und spuckt und spuckt

18

und spuckt und spuckt
Buchstaben
und Buchstaben
und noch mehr Buchstaben.
Die Buchstaben wirbeln
im Zimmer herum
und die Kinder fangen sie jauchzend auf.

»Gib mir das große H!«, ruft eines.
»Gib mir das kleine f!«, ruft ein anderes.
»Gib mir die beiden kleinen m!«,
ruft ein drittes.
Sie tauschen,
bis in den Heften
alle Lücken gefüllt sind.
Das ist ein spannendes Spiel.

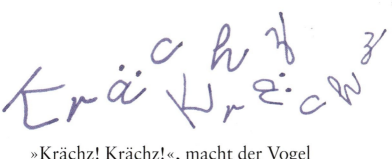

»Krächz! Krächz!«, macht der Vogel
hinten auf dem Bücherregal
und verdreht die Augen.
Da öffnet die Lehrerin
das Fenster einen Spalt.

Der Vogel flattert hinaus
auf seinen Baum.

›Nie, nie mehr Tinte‹, denkt er.
›Und die Buchstaben,
die lasse ich den Kindern,
und das Klugwerden,
das lasse ich der Eule.‹
Und dann schläft er ein
und träumt im Nest
von den Brotkrumen
auf dem Pausenplatz.

Der Buchstabenclown

Julia darf in den Zirkus gehen.
Die Nummer mit den Clowns
gefällt ihr am besten.
Der große Clown heißt Popone.
Der kleine Clown heißt Popkorn.
Popone ist Popkorns Vater.
Popone nimmt Popkorn auf die Schulter
und klettert eine Leiter hinauf.

Der kleine Clown fällt
zwischen den Sprossen der Leiter durch.
Er kugelt wie eine Nuss am Boden.
Steht auf.
Wirft eine Kusshand.
Lacht.

Nach der Vorstellung
trifft Julia den kleinen Clown.
Er sitzt vor dem Zirkuswagen
und bläst eine winzige Trompete.
»Deine Nummer war die beste«,
sagt Julia.

»Danke«, sagt der kleine Clown.

»Was machst du morgen?«,

will Julia wissen.

»Ich muss üben«, sagt Popkorn.

»Üben, wie man von der Leiter fällt.

Üben, wie man

eine winzige Trompete bläst.

Üben, wie man mit Bällen jongliert.«

»Jonglieren, was ist das?«,

erkundigt sich Julia.

Popkorn wirft drei Bälle in die Luft

und fängt sie auf.

»Und du? Was machst du?«,

will der kleine Clown wissen.

»Ich gehe zur Schule«, sagt Julia.

»Lernst du lesen und schreiben?«

Julia nickt.

»Mein Vater will,

dass ich besser schreiben

und lesen lerne«,
sagt Popkorn.
»Komm doch in meine Schule«,
schlägt Julia vor.
»Wir haben eine nette Lehrerin,
die Frau Lohner.«

Am anderen Morgen sitzen die Kinder
vor ihren Heften und schreiben.
Da klopft es.
»Herein!«, ruft die Lehrerin.
Popone und Popkorn treten
ins Klassenzimmer.
Frau Lohner spricht mit Popone.
Dann sagt sie:
»Popkorn, der kleine Clown,
ist unser neuer Schüler!«
»Bravo!«, rufen die Kinder.
»Wo möchtest du sitzen, Popkorn?
Wir haben ein paar freie Plätze.«
Popkorn blickt sich um.
»Ich möchte am liebsten
neben Julia sitzen«,
sagt er und lacht.
Julia wird ein bisschen rot.
Sie freut sich.

»Wer hat den kürzesten Namen?«,
fragt die Lehrerin.
»Ich!«, behauptet Anna.
Alle schreiben in ihr Heft:
ANNA
»Mein Name ist kürzer!«,
 ruft der Junge aus der hintersten Bank,
»Popkorn, rate, wie ich heiße!«

Der kleine Clown überlegt:
»Vielleicht Max?
Vielleicht Uwe?
Vielleicht …?«
Er sagt einen dritten Namen.
Der Junge nickt.

In der Pause rufen die Kinder:
»Popkorn, spiel uns etwas vor!«
Popkorn drückt sein
Hütchen ins Genick.
Er holt seine Trompete aus der Tasche,
die ist nur so lang wie ein Bleistift.
Dann macht er einen Handstand
auf dem Pult von Frau Lohner
und spielt eine
lustige Melodie.
Da kommt die Lehrerin
ins Zimmer zurück.

Die Pause ist vorbei.

»Popkorn soll während der Stunde
Clown spielen!«, rufen die Kinder.

»Gut«, sagt die Lehrerin,
»zeig uns, was du kannst, Popkorn!«
An der Tafel steht das Wort:
HAUS
Popkorn zaubert das H weg

und verändert das Wort
mit anderen Buchstaben.
HAUS
MAUS
LAUS

»Oh, das ist nicht schwer!«, ruft Uli.

»Ich verzaubere auch ein Wort!«

Er kommt an die Tafel und schreibt:

HUND

MUND

Nun wollen andere Kinder auch zaubern.

Sie versuchen es mit vielen Wörtern:

KIND

BAUM

SAGEN

LAND

FADEN

Dann schreibt Popkorn
einen merkwürdigen Satz:
DA . WA . . ER I . T HEI . .
»Das ist aber komisch«, sagt Julia.
Der kleine Clown nickt:

»Der Buchstabe, den ihr sucht,
steckt unter meinem Hütchen!
Wer findet ihn und füllt die Lücken aus?«
Popkorn schreibt noch andere Sätze:
. AUL S . IELT MIT DER . U . . E
DIE . AN . E ISS . . OR . E

Am nächsten Morgen müssen die Kinder
ihre Hausaufgaben zeigen.
Popkorns Heft ist leer.
»Wo sind deine Sätze, Popkorn?«,
fragt die Lehrerin.
»Hier«, sagt Popkorn.
»Aber Popkorn!«,
ruft Frau Lohner.

»Mit Geheimtinte geschrieben«,
sagt der kleine Clown.
»Man muss das Heft
nur auf den Heizkörper legen.«
Frau Lohner legt Popkorns Heft
auf die Heizung.
Jetzt kommt wie durch Zauberhand
eine bräunliche Schrift zum Vorschein.
»Klasse«, sagt die Lehrerin und lacht.
»Wie hast du das denn gemacht?«
»Mit Zitronen- und Zwiebelsaft«,
sagt Popkorn.

Am nächsten Tag
ist auch Ulis Heftseite leer.
»Ich habe mit Geheimtinte geschrieben«,
entschuldigt
sich Uli.

Frau Lohner legt das Heft
auf die Heizung.
Aber das Blatt bleibt weiß.
Uli fängt an zu weinen.
Er hat geschwindelt.
Er war zu faul
seine Hausaufgaben zu machen!

Nur zehn Tage lang
bleibt Popkorn in der Klasse.
Der Zirkus muss übermorgen
weiterziehen.
»Oh, wie schade«, sagen die Kinder.
»Ihr sollt nicht traurig sein«,
sagt Popkorn.
»Ihr dürft morgen
in den Zirkus kommen.
Umsonst.«
In der Vorstellung
zeigen Popone und Popkorn
alle ihre Kunststücke.
Es ist eine tolle Nummer.

Danach jongliert Popkorn
Buchstaben durch die Luft.
Das wirbelt nur so.
Die Kinder buchstabieren:
AUF WIEDERSEHEN
Popkorn lacht und winkt der Klasse zu.

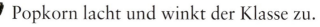

Der Buchstabenräuber

Der Räuber Knotter
wohnt mit seiner Tochter Lenchen
in einem kleinen Haus.
Jeden Freitagabend
nimmt Knotter
seinen Räuberhut,
zieht den Räubermantel an,
greift nach dem Räuberstock
und schwingt sich einen leeren Sack
auf den Rücken.

Dann sagt Knotter zu Lenchen:
»Ich geh jetzt räubern.
Bleib schön zu Haus!
Schließ die Tür,
damit kein Einbrecher hereinkommt.
Wenn du brav zu Hause bleibst,
räubere ich dir etwas Schönes!«
Knotter geht im Räubermantel,
mit Räuberhut,
Räuberstock und Räubersack
die Straße hinunter.

Da – ein offenes Kellerfenster!

›Knitter, knatter, knott,

das geht ja flott‹,

denkt er erfreut.

Im Keller steht eine Truhe.

Ist da wohl Gold drin?

Auch Edelsteine wären nicht schlecht.

Knotter stemmt

den schweren Deckel auf.

48

Oh weh!
In der Truhe sind alte Briefe!
Knotter wühlt und wühlt.
Kein einziges Goldstück
kommt zum Vorschein!
»Alte Kist, voller Mist!«,
flucht der Räuber.
Da fällt der Deckel der Truhe
auf Knotters Kopf.

»Au-ah!«, schreit er.
Da hört er Schritte nahen.
»Auf und davon, sie kommen schon«,
murmelt der Räuber ärgerlich.
So schnell es seine alten Beine zulassen,
klettert er aus dem Fenster.
Knotter geht weiter.
Da sitzt auf einer Haustreppe
eine dreifarbige Katze.
Sie ist ein bisschen rot
und ein bisschen schwarz
und ein bisschen weiß.
›Knitter, knatter, knott,
das ist ja flott!
So eine bunte Katze
hat sich mein Lenchen
schon lange gewünscht!‹,
denkt Knotter.
›Und wenn dann mein Lenchen

genug mit ihr gespielt hat,
knotter knatter – zisch! –
ist sie ein Braten auf dem Tisch!‹
Knotter packt die Katze im Genick.
Sie kratzt und faucht und beißt.
Aber der Räuber lässt nicht los
und steckt sie in den dunklen Sack.

Knotter geht weiter.
Hinter einer Mauer
stehen Bäume mit roten Äpfeln.
›Knitter, knatter, knott,
das ist ja flott!
So drei, vier Kilo für mich und Lenchen‹,
denkt Knotter.
Er schwingt sich über die Mauer.

Schon reißt er
vom untersten Ast Äpfel ab.
Die Äpfel rollen in den Sack.
Die Katze im Sack maunzt.
Da fängt ein Hund zu bellen an.
Im Bauernhaus geht ein Fenster auf,
der Bauer schaut heraus.
»Auf und davon, sie kommen schon«,
murmelt Knotter ärgerlich.

Auf der Mauer
bleibt der Räubermantel hängen.
Der Räuberhut fällt in die Wiese.
Der Hund rennt heran
und schnappt ihn.
Die Äpfel kullern aus dem Sack,
die Katze springt davon.
Der Bauer sieht alles durchs Fenster.
»Dummer Räuber!«, ruft er und lacht.

Zu Hause setzt sich Knotter
müde an den Küchentisch.
»Wie war das Räubern?«,
fragt Lenchen.
»Schlecht«, sagt Knotter.
»Erst ist Kist voll Mist,
dann die Hatz um die Katz,
die Äpfel davon und zuletzt der Hohn…«
»Hohn? Was ist das?«, fragt Lenchen.
»Der Bauer hat mich ausgelacht!

›Dummer Räuber‹, hat er gerufen,
der Schuft!«

»Mach dir nichts draus«,
tröstet Lenchen,
»wozu musst du denn räubern gehen?
Wir haben ja genug zu essen.
Wir haben Rüben und Kartoffeln,
Salat und Lauch vom Garten.«
Knotter hört nicht zu.
»Nein, ich bin nicht dumm«,
ruft er zornig,
 »ich bin zwar nie zur Schule gegangen,
denn wozu soll ein Mensch
lesen und schreiben können?
Wozu soll er zur Schule gehen?«
»Ich möchte aber gerne
zur Schule gehen«, sagt Lenchen,
»im Frühling, dann bin ich alt genug
für die Schule.«

»Schule? Blöder Kram«, knurrt Knotter,
»eine Räubertochter, die zur Schule geht?
Das wäre ja gelacht!«
»Ich will aber lesen
und schreiben lernen«, sagt Lenchen.
»Pass auf«, sagt Knotter,
»ich klaue dir die Buchstaben
von A bis Z!«

Am nächsten
Tag guckt der
Räuber durch
ein Fenster ins
Klassenzimmer.
Die Kinder sitzen
vor ihren Heften.
Die Hefte sind
voller Buchstaben.
Auf dem Pult der Lehrerin
liegen Buchstaben aus Pappe
und Buchstaben aus Holz.
›Knitter, knatter, knott,
das ist ja flott!
Nur noch die Pause abwarten‹,
denkt Knotter.
In der Pause klettert Knotter
ins leere Schulzimmer.
Er klaut Buchstaben aus Pappe

und Buchstaben aus Holz.
Die Hefte der Kinder
schüttelt er über seinem Sack aus.
Einige Buchstaben fallen hinein,
andere bleiben am Papier kleben.

Knotter ist auf dem Heimweg.

Der Sack liegt auf seinem Rücken.

Die Buchstaben liegen im Dunkeln.

Mit jedem Schritt geraten sie

ein bisschen mehr durcheinander.

»Was ist denn los?«, jammert ein A,

»wir sind ja eingesperrt!«

»Es ist dunkel wie in einer Kuh!«,

klagt ein B.

»Mir ist schwindlig im Kopf«,

haucht ein C.

Plötzlich ruft ein O von unten:
»Ich kann Licht sehen!
Im Sack ist ein Loch!«
Das O schiebt sich
durch das Loch auf die Straße
und zieht ein R und ein T nach.
»Was für ein Glück! Wir sind frei«,
sagen die Buchstaben und lachen.

»Wir wollen zum Schulhaus zurück«,
sagt das O, »die Kinder warten auf uns!
Wenn wir uns beim Rennen
die Hände reichen,
geht niemand
verloren!«

Die Buchstaben geben sich die Hände.
»Halt, wir wollen ein Wort bilden«,
ruft das R,
»ein Wort fliegt schnell von Ort zu Ort!
Ich bin Nummer eins!«
»Dann bin ich Nummer zwei«,
sagt das O.
»Und ich drei«, sagt das T.

Nach einer Weile ruft das O:
»Halt, jetzt will ich Nummer eins sein!
Ich weiß nämlich ein anderes Wort!«
»Dann bin ich Nummer zwei«,
sagt das ☐.
»Und ich Nummer drei«,
sagt das ☐.

Nach einer Weile ruft das T:
»Halt, jetzt will ich Nummer eins sein!
Ich weiß noch ein Wort!«
»Dann bin ich Nummer zwei«,
sagt das ☐.
»Und ich Nummer drei«,
sagt das ☐.

Knotter geht über eine Brücke.
Da fallen aus dem Loch
ein B und ein L
und ein E und ein I heraus.
»Ein Wort fliegt schnell von Ort zu Ort«,
ruft das L, »gib mir die Hand, E,
ich bin Nummer eins
und du Nummer zwei!«
»Dann bin ich Nummer drei«,
sagt das □.
»Dann bin ich Nummer vier«,
sagt das □.

Nach einer Weile ruft das B:

»Halt, jetzt will ich Nummer eins sein!«

»Dann bin ich Nummer zwei«,

sagt das □.

»Dann bin ich Nummer drei«,

sagt das □.

»Dann bin ich Nummer vier«,

sagt das □.

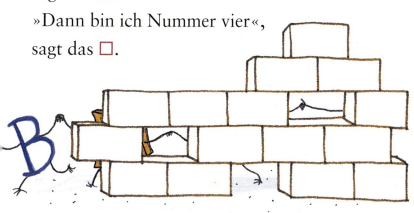

Knotter stolpert über einen Stein.
Aus dem Loch fallen ein A und ein D,
ein N und ein E und ein L.
»Ein Wort fliegt schnell von Ort zu Ort«,
ruft das N, »ich bin Nummer eins!«

Nach ein paar Schritten ruft das L:
»Halt, ich will auch einmal
Nummer eins sein!
Ich weiß ein anderes Wort!«

Vor Knotters Haustür fallen noch ein M,
ein S, ein U und ein A aus dem Sack.
Wer ist Nummer eins?

Unterdessen sitzen die Kinder
im Klassenzimmer
und schauen in ihre Hefte.
»Da fehlt ja ein Buchstabe!«,
ruft Michael.
War es ein T?
Oder war es ein S?
Oder ein □?

»Auch bei mir ist ein Buchstabe weg!«,
meldet sich Petra.

War es ein R?
Oder ein M?
Oder ein □?

»In meinem Satz sind Lücken!«,
ruft Max.
Welche Buchstaben fehlen wohl?
Wo i . t . ein Schu . ?
Der B . . m ist ho . . !
»Selina, guck nicht immer
aus dem Fenster!«,
sagt die Lehrerin,
»Was siehst du denn?«
»Die Buchstaben kommen!«,
ruft Selina aufgeregt.
»Die Fenster auf! Alle kommen zurück!«

68

Die Lehrerin macht schnell
das Fenster auf.
Die Buchstaben kommen herein.
»Ich brauche ein kleines m!«, ruft Max.
»Und ich ein großes W!«, ruft Michael.
»Und ich ein kleines l«, ruft Petra.
›Und was gehört hierher?‹,
überlegt Lukas vor seinem Wort Ka . . e.

Knotter hat nicht gemerkt,
dass sein Sack
immer leichter geworden ist.
»Knitter, knatter, knott,
das ist ja flott!
Schau, was ich bringe!«,
ruft er Lenchen zu.
Er macht den Sack auf.
Oh weh!
Da hängen nur noch
wenige Buchstaben.

»Nur sieben«, zählt Lenchen,
»es gibt aber 26 Buchstaben!
Siehst du,
ich muss doch zur Schule gehen!«
Im Frühjahr geht Lenchen zur Schule
und lernt lesen und schreiben.
»Das macht Spaß«,
sagt sie zu ihrem Vater,
»soll ich dir zeigen, wie das geht?«

          »Meinetwegen«,
          brummt Knotter.

          Jeden Abend
          übt Lenchen
          mit Knotter.

Eines Tages sagt der Räuber:
»Knitter, knatter, knott,
das geht ja flott!
Lenchen, ich kann Zeitung lesen!
Schau, was da steht!
Man sucht in der Stadt
einen Straßenkehrer.
Straßen kehren,
das würde mir gefallen.«
Knotter ist Straßenkehrer geworden.
Er arbeitet von Montag bis Freitag.
Am Freitagabend sagt
er zu Lenchen:
»Die frische Luft macht müde.
Gut, dass ich nicht
mehr räubern muss!
Geh, hol mir die Zeitung!«